Renate Sültz & Uwe H. Sültz

Handy- und Telefonbuch Adressbuch

BoD - Books on Demand

Norderstedt 2017

Bibliografische Information durch die Deutsche Nationalbibliothek

Die Deutsche Nationalbibliothek verzeichnet diese Publikation in der Deutschen Nationalbibliografie; detaillierte bibliografische Daten sind im Internet über http://dnb.dnb.de abrufbar.

© 2017 Renate Sültz & Uwe H. Sültz

Herstellung und Verlag:

BoD – Books on Demand, Norderstedt

ISBN 9-78374-3-17712-3

Übersicht

Seite	A-Z	Mein Name	Telefonnummer
05	A		
09	B		
13	C		
17	D		
21	E		
25	F		
29	G		
33	H		
37	I		
41	J		
45	K		
49	L		
53	M		
57	N		
61	O		
65	P		
69	Q		
73	R		
77	S		
81	T		
85	U		
89	V		
93	W		
97	XYZ		

5

7

9

10

11

12

13

14

16

17

19

20

23

24

25

27

30

33

40

42

43

44

45

50

51

53

54

55

60

63

64

70

72

75

77

89

90

96

100

101

Eigene Notizen:

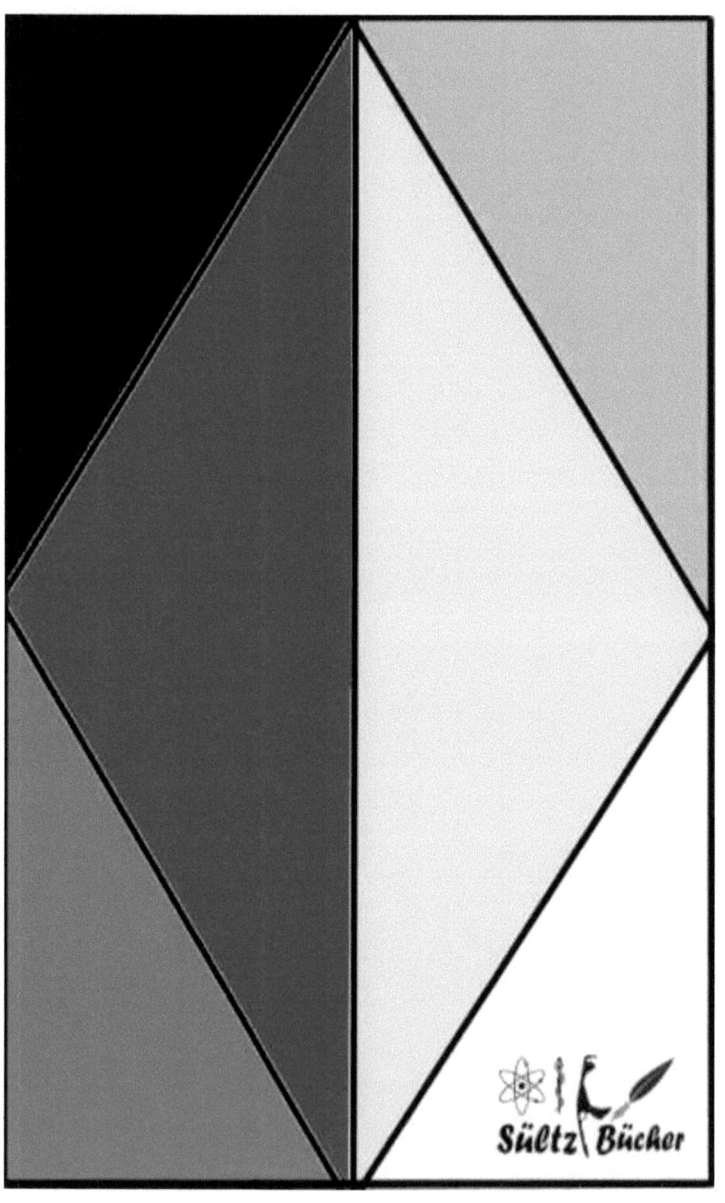